AF188350

Impressum
Verlag: BABADADA GmbH, Nedderfeld 112 , 22529 Hamburg
Geschäftsführer / Verlagsleitung: Harald Hof
Druck: Books on Demand GmbH, In de Tarpen 42, 22848 Norderstedt

Imprint
Publisher: BABADADA GmbH, Nedderfeld 112 , 22529 Hamburg, Germany
Managing Director / Publishing direction: Harald Hof
Print: Books on Demand GmbH, In de Tarpen 42, 22848 Norderstedt, Germany

mokykla
škola

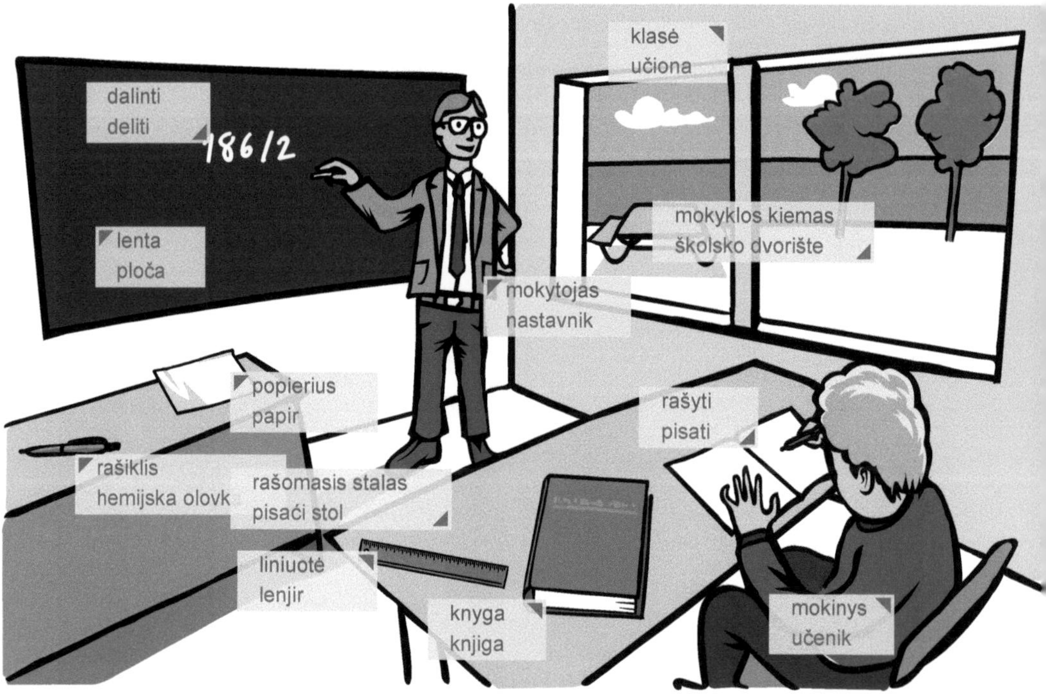

klasė
učiona
dalinti
deliti
186/2
lenta
ploča
mokyklos kiemas
školsko dvorište
mokytojas
nastavnik
popierius
papir
rašyti
pisati
rašiklis
hemijska olovk
rašomasis stalas
pisaći stol
liniuotė
lenjir
knyga
knjiga
mokinys
učenik

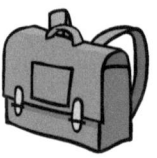

kuprinė

torba

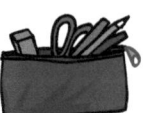

penalas

pernica

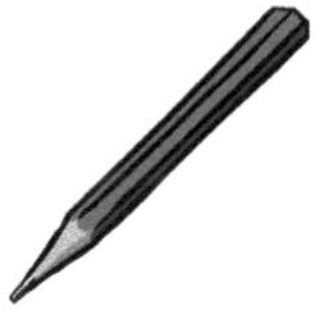

pieštukas

grafitna olovka

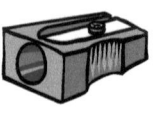

drožtukas

šiljilo za olovke

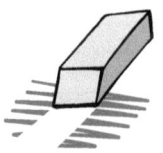

trintukas

gumica za brisanje

piešimo bloknotas

blok za crtanje

piešinys
crtež

teptukas
kist

dažų dėžutė
kutija sa bojama

žirklės
makaze

klijai
lepilo

vadovėlis
beležnica

namų darbai
domaći zadatak

12

numeris
broj

2+2

pridėti
sabirati

5-2

atimti
oduzimati

2×2

dauginti
množiti

skaičiuoti
računati

A

raidė
slovo

ABCDEFG
HIJKLMN
OPQRSTU
VWXYZ

abėcėlė
abeceda

hello

žodis
reč

tekstas
....
tekst

skaityti
....
čitati

kreida
....
kreda

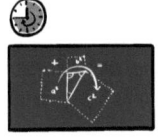

pamoka
....
čas

dienynas
....
dnevnik

egzaminas
....
ispit

pažymėjimas
....
svedočanstvo

mokyklinė uniforma
....
školska uniforma

išsilavinimas
....
obrazovanje

enciklopedija
....
leksikon

universitetas
....
univerzitet

mikroskopas
....
mikroskop

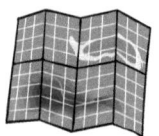

žemėlapis
....
karta

šiukšliadėžė
....
košara za papir

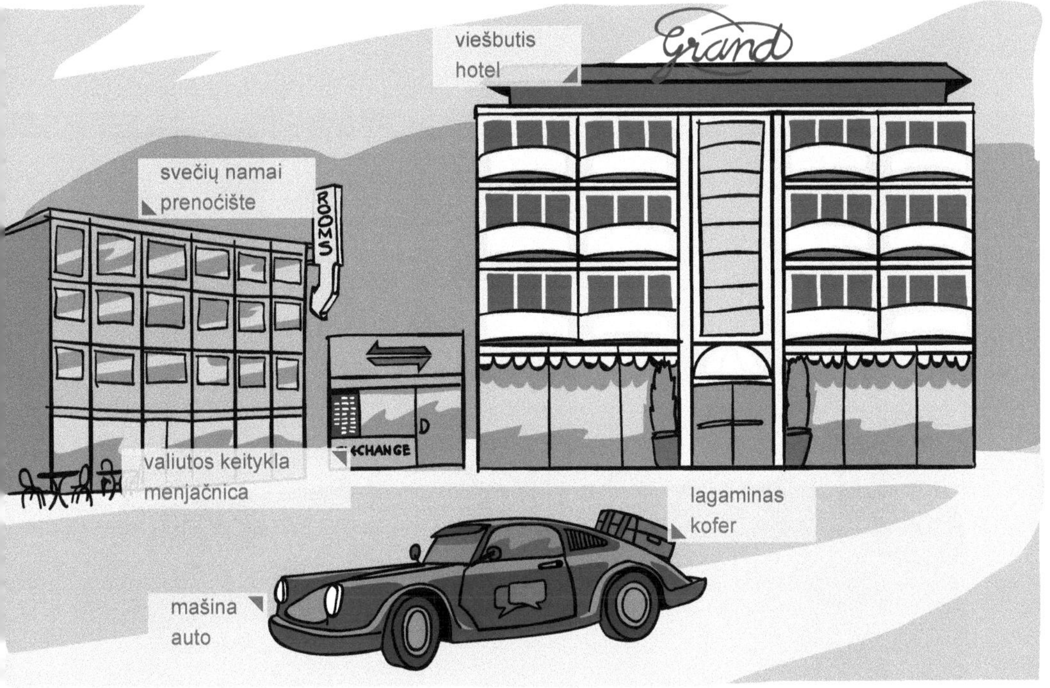

viešbutis
hotel
Grand
svečių namai
prenoćište
ROOMS
EXCHANGE
valiutos keitykla
menjačnica
lagaminas
kofer
mašina
auto

kalba
jezik

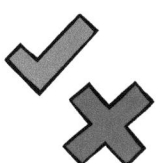

taip / ne
da / ne

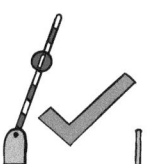

Gerai
okej

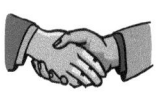

sveiki
zdravo

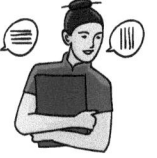

vertėjas raštu
prevodilac

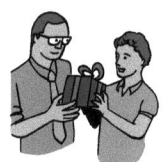

Ačiū
hvala

kiek kainuoja...?

Koliko košta...?

aš nesuprantu

ne razumem

problema

problem

Labas vakaras!

dobro veče!

Labas rytas!

Dobro jutro!

Labos nakties!

Laku noć!

viso gero

doviđenja

kryptis

smer

bagažas

prtljaga

krepšys

torba

kuprinė

ruksak

svečias

gost

kambarys

soba

miegmaišis

vreća za spavanje

palapinė

šator

kelionė - putovanje

turizmo informacija

turističke informacije

paplūdimys

plaža

kreditinė kortelė

kreditna kartica

pusryčiai

doručak

pietūs

ručak

vakarienė

večera

bilietas

karta za vožnju

liftas

lift

pašto ženklas

poštanska markica

siena

granica

muitinė

carina

ambasada

ambasada

viza

viza

pasas

pasoš

transportas
transport

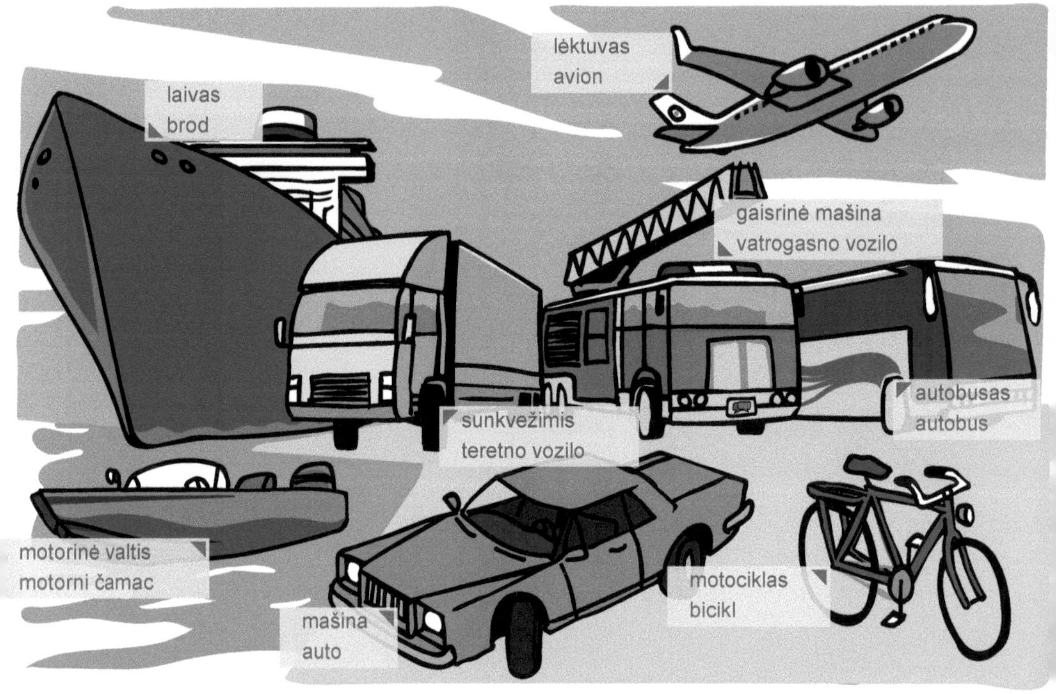

lėktuvas
avion
laivas
brod
gaisrinė mašina
vatrogasno vozilo
autobusas
autobus
sunkvežimis
teretno vozilo
motorinė valtis
motorni čamac
motociklas
bicikl
mašina
auto

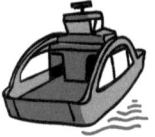

keltas

trajekt

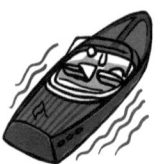

valtis

čamac

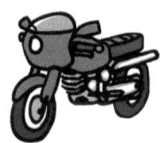

mopedas

motocikl

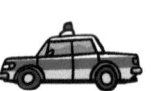

policijos automobilis

policijski auto

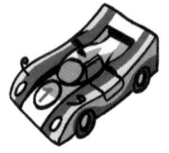

lenktyninis automobilis

trkaći auto

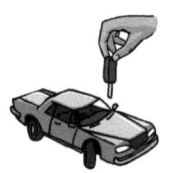

nuomojamas automobilis

iznajmljeno auto

bendras automobilio
naudojimas

delenje automobila

techninės pagalbos
automobilis

vučno vozilo

šiukšliavežė

vozilo za odvoz smeća

variklis

motor

degalai

benzin

degalinė

benzinska stanica

kelio ženklas

saobraćajni znak

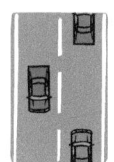

eismas

saobraćaj

eismo spūstis

zastoj

mašinų stovėjimo aikštelė

parkiralište

traukinių stotis

železnička stanica

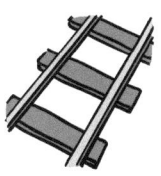

bėgiai

šine

traukinys

voz

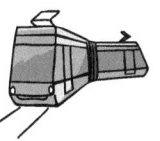

tramvajus

tramvaj

vagonas

vagon

sraigtasparnis

helikopter

oro uostas

aerodrom

bokštas

kula

keleivis

putnik

konteineris

kontejner

dėžė

karton

vežimėlis

kolica

krepšys

korpa

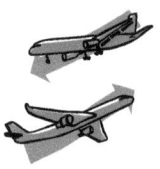

pakilti / nusileisti

uzleteti / sleteti

miestas

grad

kaimas

selo

miesto centras

centar grada

namas

kuća

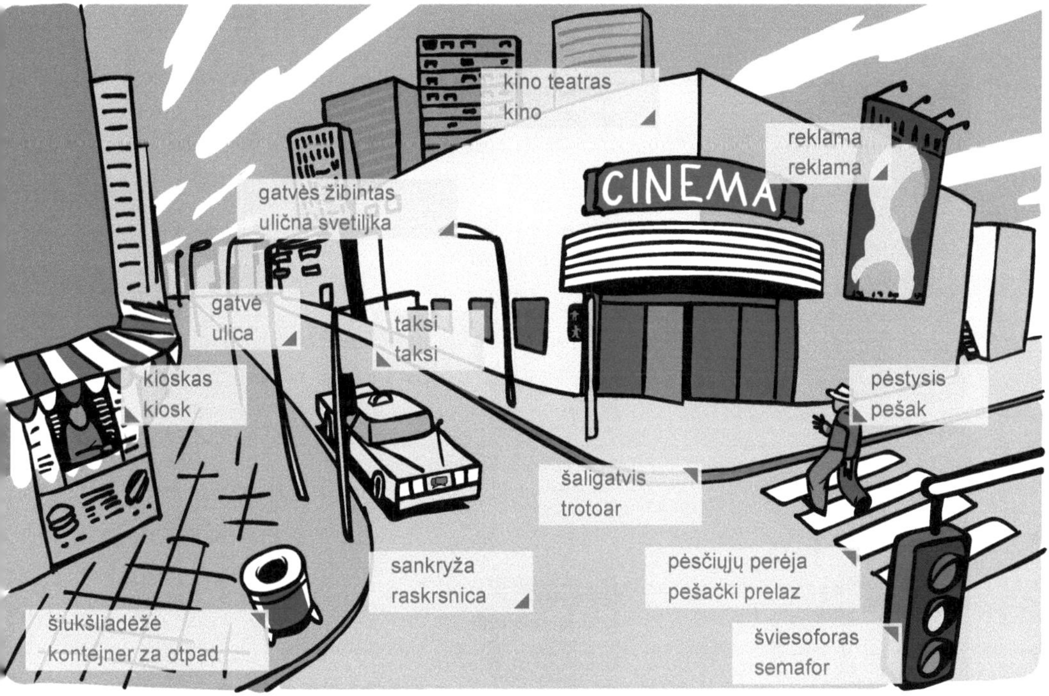

kino teatras
kino

reklama
reklama

gatvės žibintas
ulična svetiljka

CINEMA

gatvė
ulica

taksi
taksi

pėstysis
pešak

kioskas
kiosk

šaligatvis
trotoar

sankryža
raskrsnica

pėsčiųjų perėja
pešački prelaz

šiukšliadėžė
kontejner za otpad

šviesoforas
semafor

trobelė
....
koliba

butas
....
stan

traukinių stotis
....
železnička stanica

rotušė
....
većnica

muziejus
....
muzej

mokykla
....
škola

universitetas

univerzitet

bankas

banka

ligoninė

bolnica

viešbutis

hotel

vaistinė

apoteka

biuras

kancelarija

knygynas

knjižara

parduotuvė

prodavnica

gėlių parduotuvė

cvećara

prekybos centras

supermarket

turgus

trg

universalinė parduotuvė

robna kuća

žuvies parduotuvė

ribarnica

prekybos centras

trgovački centar

uostas

luka

parkas
park

suoliukas
klupa

tiltas
most

laiptai
stepenice

metro
podzemna železnica

tunelis
tunel

autobusų stotelė
autobuska stanica

baras
bar

restoranas
restoran

lauko pašto dėžutė
poštansko sanduče

kelio ženklas
ulični znak

parkomatas
parkirni automat

zoologijos sodas
zoološki vrt

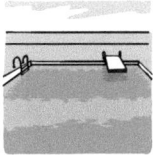

baseinas
bazen

mečetė
džamija

ūkininko ūkis

seosko gazdinstvo

tarša

zagađenje okoline

kapinės

groblje

bažnyčia

crkva

žaidimų aikštelė

igralište

šventykla

hram

kraštovaizdis
pejsaž

lapas
list

kelio rodyklė
putokaz

kelias
put

pieva
livada

akmuo
kamen

medis
drvo

ėjikas
šetač

upė
reka

žolė
trava

gėlė
cvijet

slėnis

dolina

kalva

planina

ežeras

jezero

miškas

šuma

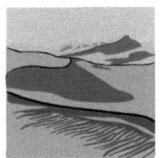
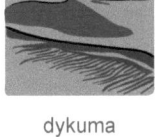

dykuma

pustinja

ugnikalnis

vulkan

pilis

dvorac

vaivorykštė

duga

grybas

gljiva

palmė

palma

uodas

moskito

musė

muva

skruzdėlė

mrav

bitė

pčela

voras

pauk

vabalas

buba

varlė

žaba

voverė

veverica

ežys

jež

kiškis

zec

pelėda

sova

paukštis

ptica

gulbė

labud

šernas

divlja svinja

elnias

jelen

briedis

los

užtvanka

nasip

vėjo jėgainė

vetrenjača

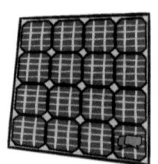

saulės baterija

solarna ploča

klimatas

klima

restoranas
restoran

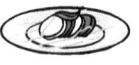

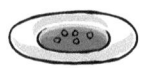

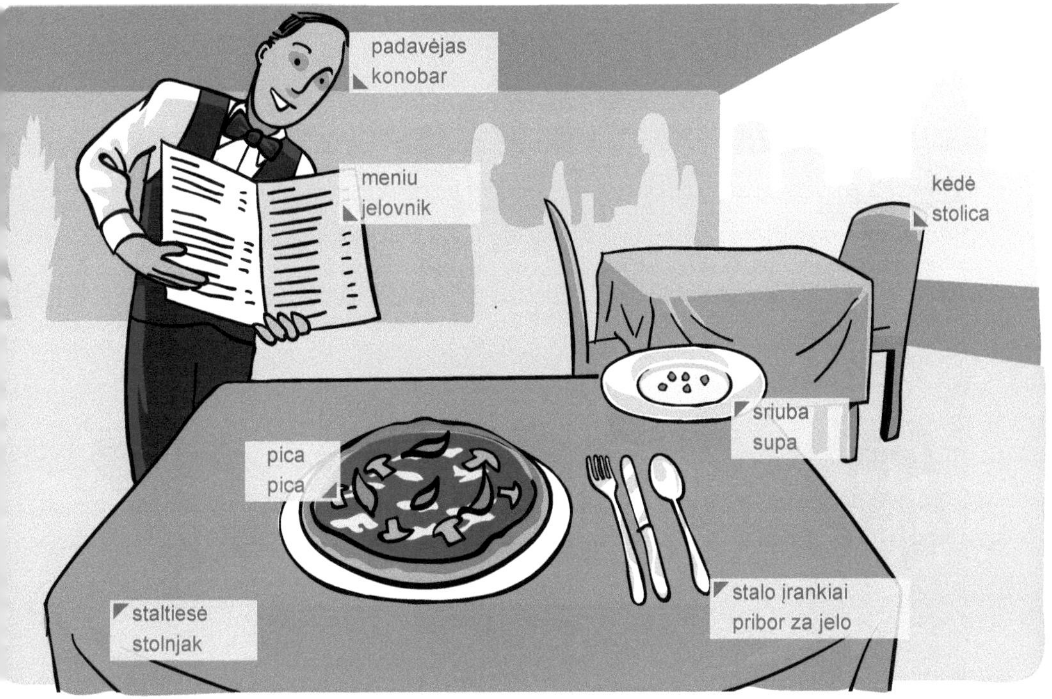
padavėjas
konobar
meniu
jelovnik
kėdė
stolica
sriuba
supa
pica
pica
staltiesė
stolnjak
stalo įrankiai
pribor za jelo

užkandis
predjelo

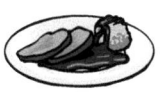

pagrindinis patiekalas
glavno jelo

desertas
desert

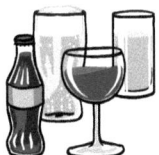

gėrimai
napitci

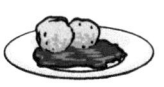

maistas
jelo

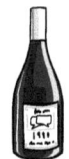

butelis
flaša

greitai pateikiamas maistas

brza hrana

gatvės maistas

imbis hrana

arbatinukas

čajnik

cukrinė

doza za šećer

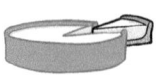

porcija

porcija

espreso aparatas

aparat za espresso

aukšta kėdė

visoka stolica

sąskaita

račun

padėklas

poslužavnik

peilis

nož

šakutė

viljuška

šaukštas

kašika

arbatinis šaukštelis

čajna kašika

servetėlė

salveta

stiklinė

čaša

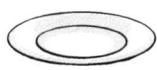

lėkštė
tanjir

sriubos lėkštė
tanjir za supu

padėklas
tanjirić

padažas
sos

druskinė
soljenka

pipirų malūnėlis
mlin za biber

actas
sirće

aliejus
ulje

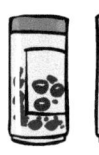

prieskoniai
začini

kečupas
kečap

garstyčios
senf

majonezas
majoneza

prekybos centras
supermarket

specialus pasiūlymas
ponuda
FOR
pirkėjas
kupac
pieno produktai
mlečni proizvodi
vaisiai
voće
troleibusas
kolica za kupovinu

BUTCHERS

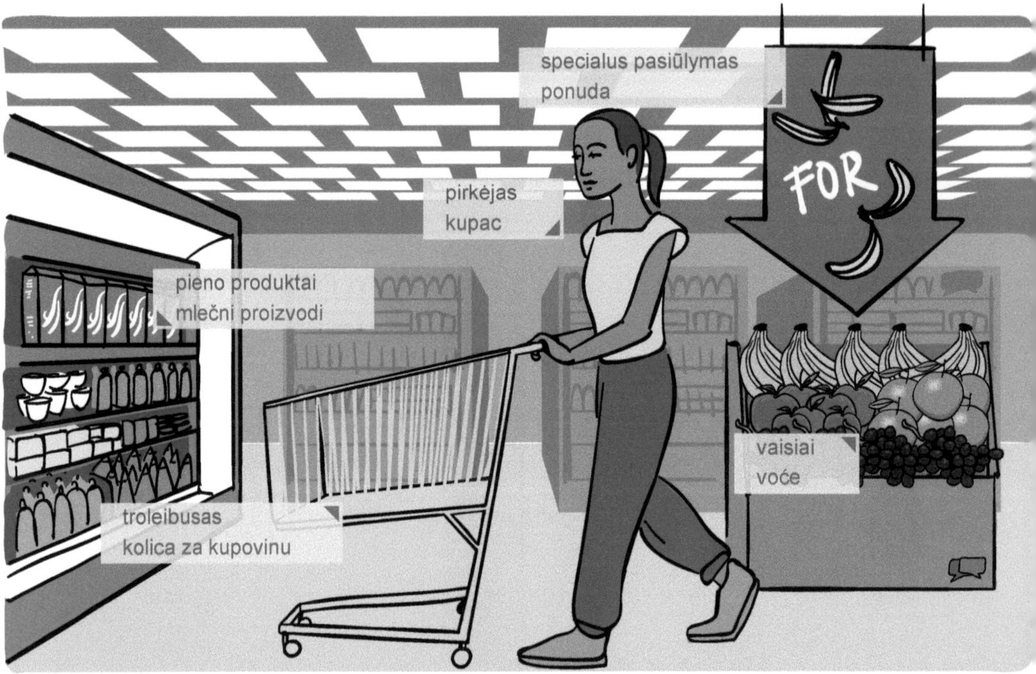

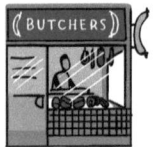

mėsos parduotuvė

mesnica

BAKERY

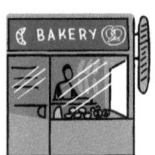

kepykla

pekara

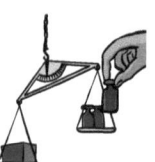

sverti

vagati

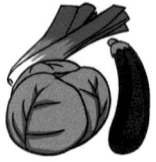

daržovės

povrće

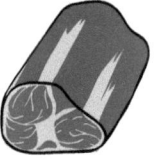

mėsa

meso

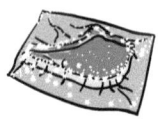

šaldytas maistas

smrznuta hrana

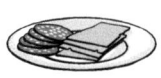

šalti mėsos užkandžiai

narezak

konservai

konzerve

skalbimo milteliai

sredstvo za pranje

saldumynai

slatkiši

ūkinės prekės

artikli za domaćinstvo

valymo priemonės

sredstva za čišćenje

pardavėja

prodavačica

kasos aparatas

blagajna

kasininkas

blagajnik

pirkinių sąrašas

lista za kupovinu

darbo valandos

vreme rada

piniginė

novčanik

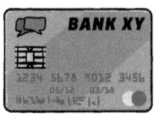

kreditinė kortelė

kreditna kartica

maišelis

torba

plastikinis maišelis

plastična kesa

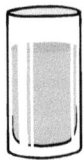

vanduo

voda

sultys

sok

pienas

mleko

kola

kola

vynas

vino

alus

pivo

alkoholis

alkohol

kakava

kakao

arbata

čaj

kava

kava

espresas

espresso

kapučinas

cappuccino

bananas

banana

obuolys

jabuka

apelsinas

narandža

arbūzas

lubenica

citrina

limun

morka

šargarepa

česnakas

beli luk

bambukas

bambus

svogūnas

luk

grybas

gljiva

riešutai

orašasti plodovi

makaronai

rezanci

spagečiai

špagete

ryžiai

riža

salotos

salata

traškučiai

pomfrit

keptos bulvės

pečeni krumpir

pica

pica

mėsainis

hamburger

sumuštinis

sendvič

pjausnys

šnicla

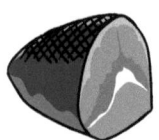

kumpis

šunka

saliamis

salama

dešrelė

kobasica

vištiena

kokoš

kepsnys

pečenje

žuvis

riba

avižų dribsniai

zobene pahuljice

dribsniai su priedais

musli

kukurūzų dribsniai

kukuruzne pahuljice

miltai

brašno

prancūziškasis ragelis

kroasan

bandelė

pecivo

duona

hleb

skrebutis

toast

sausainiai

keksi

sviestas

maslac

varškė

sveži sir

tortas

kolač

kiaušinis

jaje

kiaušinienė

jaje na oko

sūris

sir

ledai

sladoled

cukrus

šećer

medus

med

uogienė

marmelada

tepamas šokoladas

nugat krema

karis

kari

ūkininko ūkis
seosko gazdinstvo

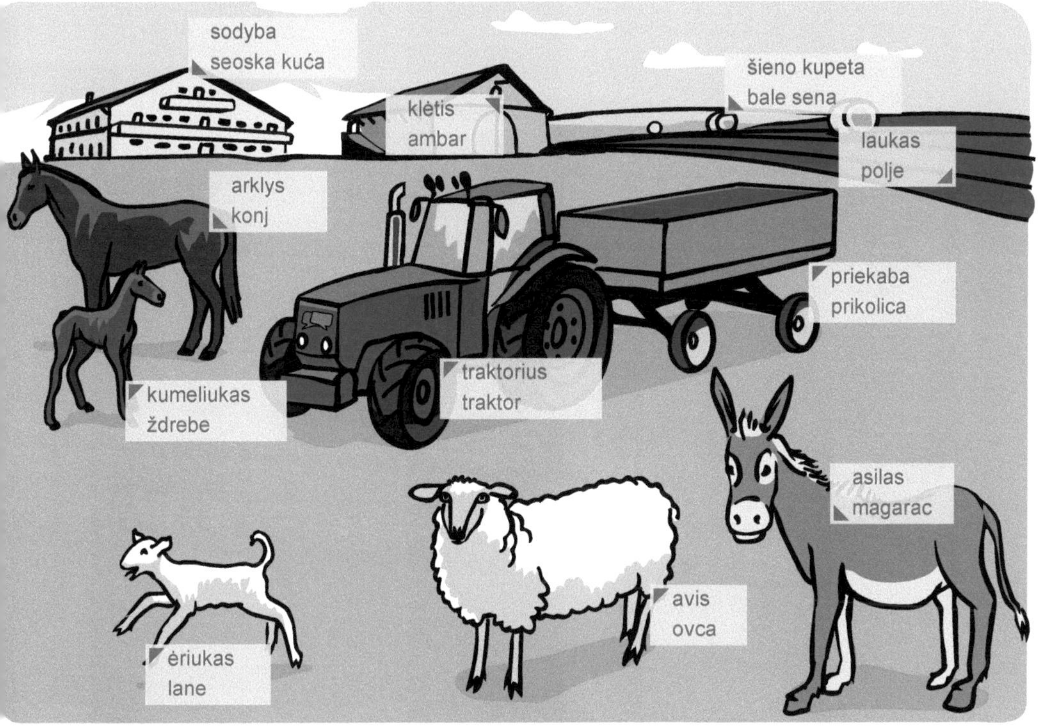

sodyba
seoska kuća
šieno kupeta
bale sena
klėtis
ambar
laukas
polje
arklys
konj
priekaba
prikolica
traktorius
traktor
kumeliukas
ždrebe
asilas
magarac
avis
ovca
ėriukas
lane

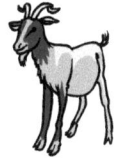

ožys

koza

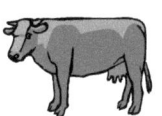

karvė

krava

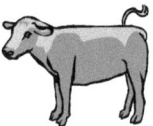

veršis

tele

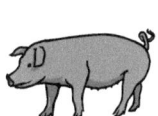

kiaulė

svinja

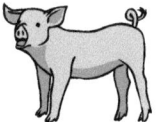

paršelis

prase

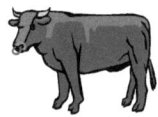

bulius

bik

žąsis

guska

antis

patka

viščiukas

pilići

višta

kokoš

gaidys

petao

žiurkė

pacov

katė

mačka

pelė

miš

jautis

vol

šuo

pas

šuns būda

kućica za psa

sodo namas

vrtno crevo

laistytuvas

kanta za polivanje

dalgis

kosa

plūgas

plug

pjautuvas

srp

kauptukas

motika

šakės

viljuška za đubrivo

kirvis

sekira

statinė

tačke

lovys

korito

bidonas

posuda za mleko

maišas

vreća

tvora

ograda

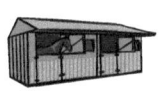

arklidė

štala

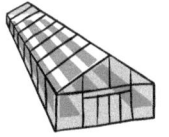

šiltnamis

staklenik

dirva

zemlja

sėkla

seme

trąšos

đubrivo

kombainas

kombajn

rinkti
žeti

derlius
žetva

saldžiosios bulvės
jams začin

kviečiai
pšenica

soja
soja

bulvė
krumpir

kukurūzai
kukuruz

rapsai
uljana repica

vaismedis
voćka

manijokas
gomolj manioke

grūdai
žitarice

namas
kuća

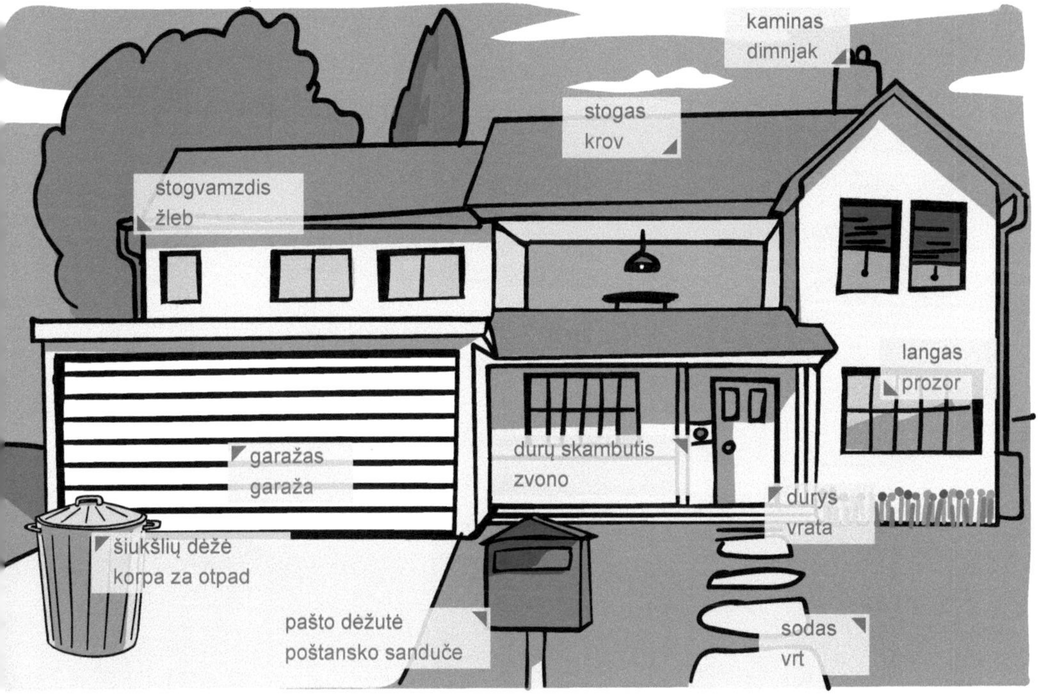

kaminas
dimnjak
stogas
krov
stogvamzdis
žleb
langas
prozor
garažas
garaža
durų skambutis
zvono
durys
vrata
šiukšlių dėžė
korpa za otpad
pašto dėžutė
poštansko sanduče
sodas
vrt

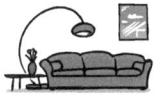

svetainė
....
dnevna soba

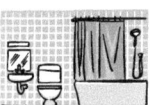

vonios kambarys
....
kupaonica

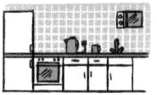

virtuvė
....
kuhinja

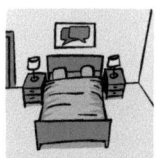

miegamasis
....
spavaća soba

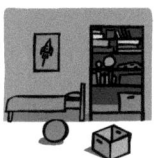

vaiko kambarys
....
dečija soba

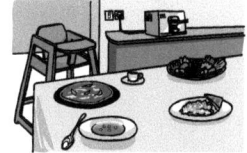

valgomasis
....
trpezarija

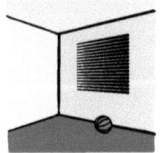

grindys
pod

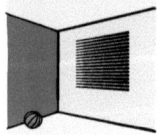

siena
zid

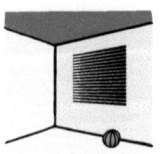

lubos
strop

rūsys
podrum

sauna
sauna

balkonas
balkon

terasa
terasa

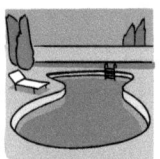

baseinas
bazen

žoliapjovė
kosilica za travu

paklodė
posteljina za krevet

lovatiesė
deka za krevet

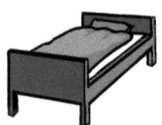

lova
krevet

šluota
metla

kibiras
kanta

jungiklis
prekidač

svetainė
dnevna soba

tapetai
tapeta
nuotrauka
slika
šviestuvas
svetiljka
lentyna
regal
spintelė
ormar
televizorius
televizija
židinys
kamin
gėlė
cvijet
pagalvėlė
jastuk
sofa
kauč
vaza
vaza
nuotolinio valdymo pultelis
daljinski upravljač

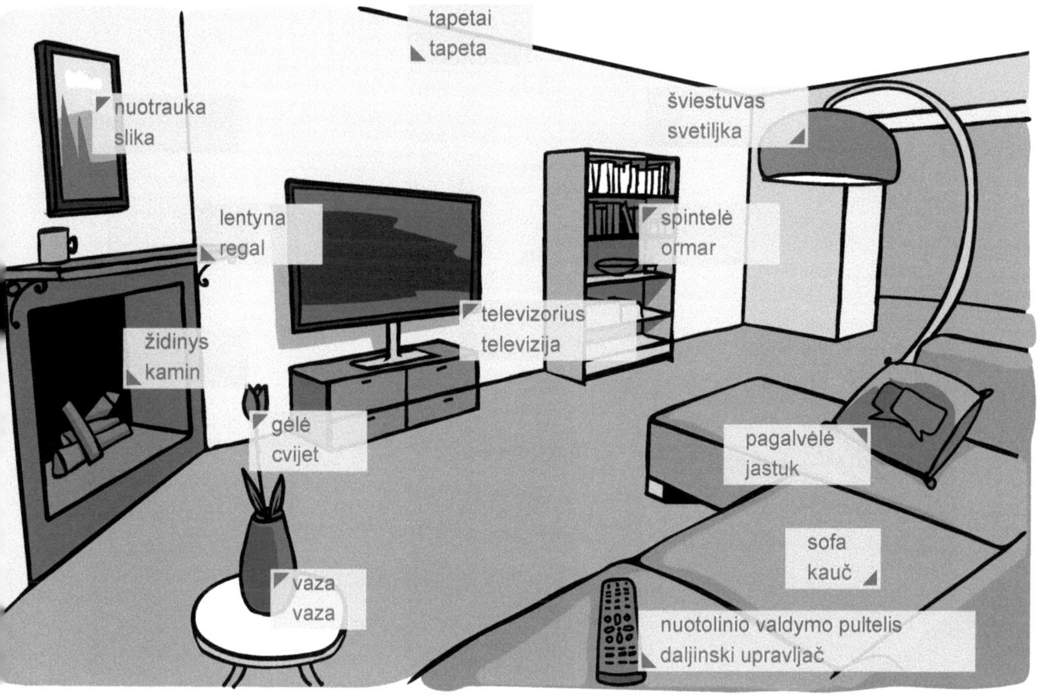

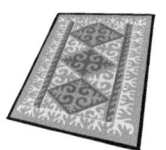

kilimas
tepih

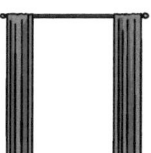

užuolaida
zavesa

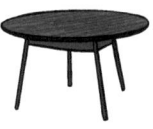

stalas
sto

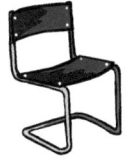

kėdė
stolica

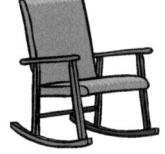

supamasis krėslas
stolica za njihanje

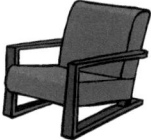

fotelis
fotelja

knyga

knjiga

antklodė

deka

papuošimai

dekoracija

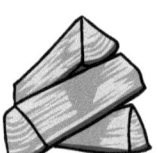

malkos

drvo za ogrev

filmas

film

stereo aparatūra

hi-fi uređaj

raktas

kljuć

laikraštis

novine

paveikslas

slika na platnu

plakatas

poster

radijas

radio

užrašų knygelė

blok za pisanje

dulkių siurblys

usisivač

kaktusas

kaktus

žvakė

sveća

virtuvė
kuhinja

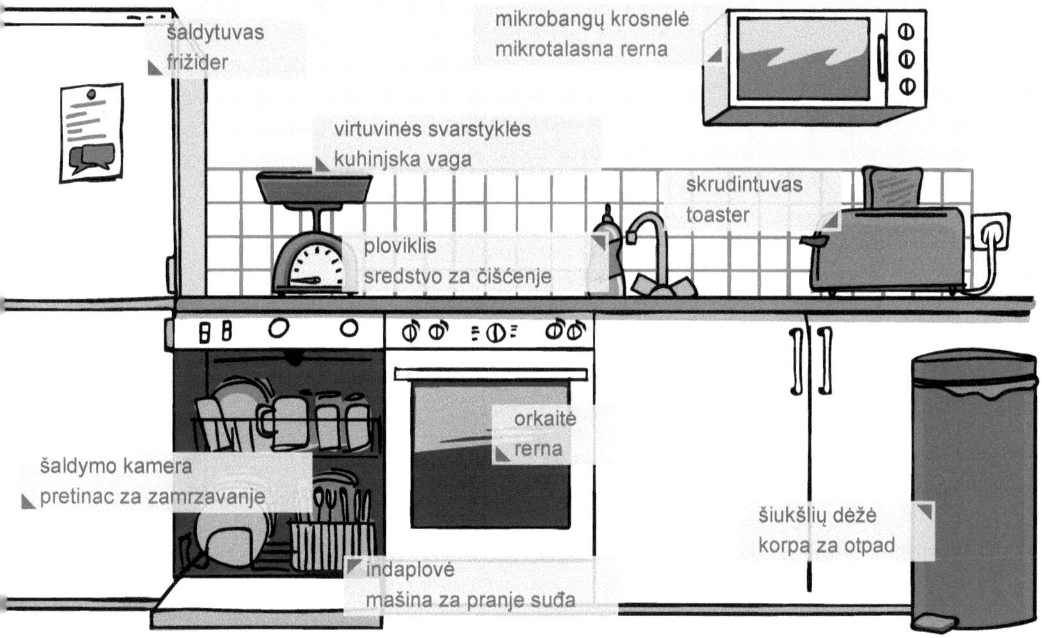

šaldytuvas
frižider
mikrobangų krosnelė
mikrotalasna rerna
virtuvinės svarstyklės
kuhinjska vaga
skrudintuvas
toaster
ploviklis
sredstvo za čišćenje
orkaitė
rerna
šaldymo kamera
pretinac za zamrzavanje
šiukšlių dėžė
korpa za otpad
indaplovė
mašina za pranje suđa

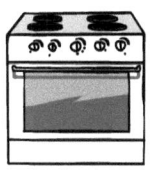

viryklė
šporet

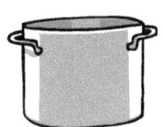

puodas
lonac

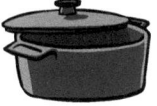

ketaus puodas
gvozdeni lonac

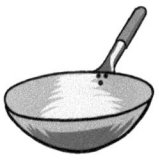

„wok“ keptuvė
wok / kadai

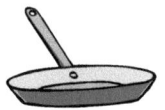

keptuvė
tava

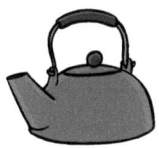

virdulys
kuvalo za vodu

garų puodas

kuvalo na paru

kepimo skarda

lim za pečenje

porceliano indai

posuđe

puodelis

čaša

dubuo

posuda

valgomosios lazdelės

štapići za jelo

samtis

kutlača

mentelė

lopatica

plaktuvas

penjača

koštuvas

sito za kuvanje

sietas

sito

trintuvė

ribež

grūstuvė

mužar

kepsninė

roštilj

atvira liepsna

ognjište

virtuvė - kuhinja

pjaustymo lentelė
daska

kočėlas
oklagija

kamščiatraukis
vadičep

skardinė
konzerva

skardinių atidarytuvas
otvarač konzervi

puodkėlė
krpa za lonac

kriauklė
sudoper

šepetys
četka

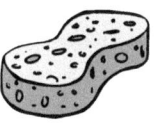

kempinė
sunđer

trintuvas
mikser

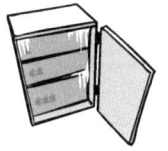

šaldiklis
zamrzivač

kūdikių buteliukas
flašica za bebe

čiaupas
slavina za vodu

vonios kambarys
kupaonica

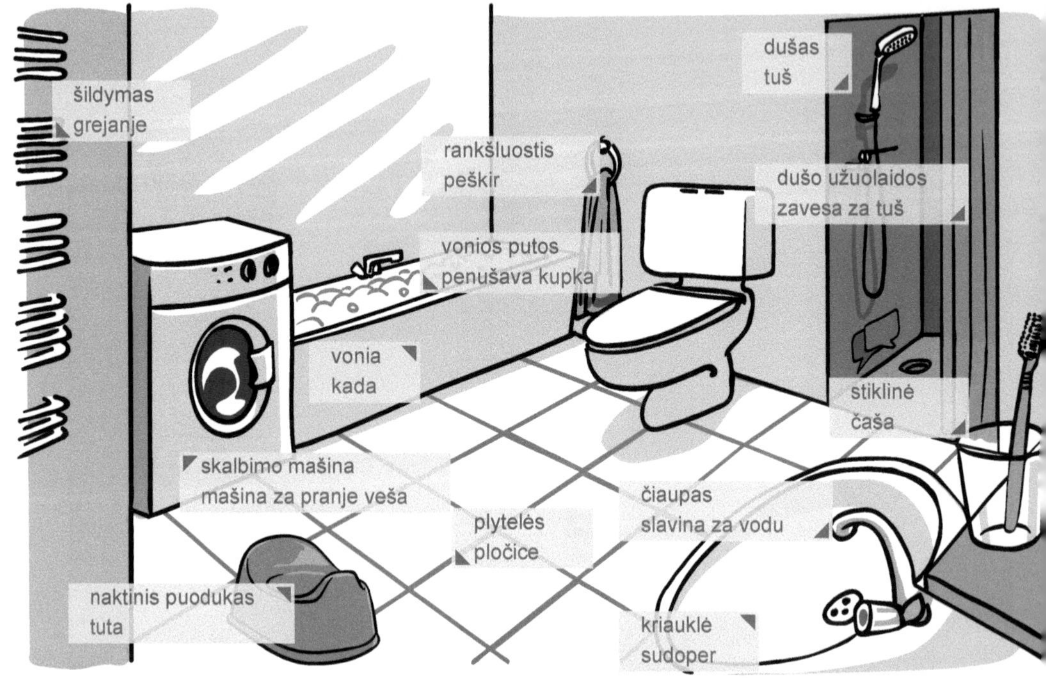
šildymas
grejanje
rankšluostis
peškir
dušas
tuš
dušo užuolaidos
zavesa za tuš
vonios putos
penušava kupka
vonia
kada
stiklinė
čaša
skalbimo mašina
mašina za pranje veša
čiaupas
slavina za vodu
plytelės
pločice
naktinis puodukas
tuta
kriauklė
sudoper

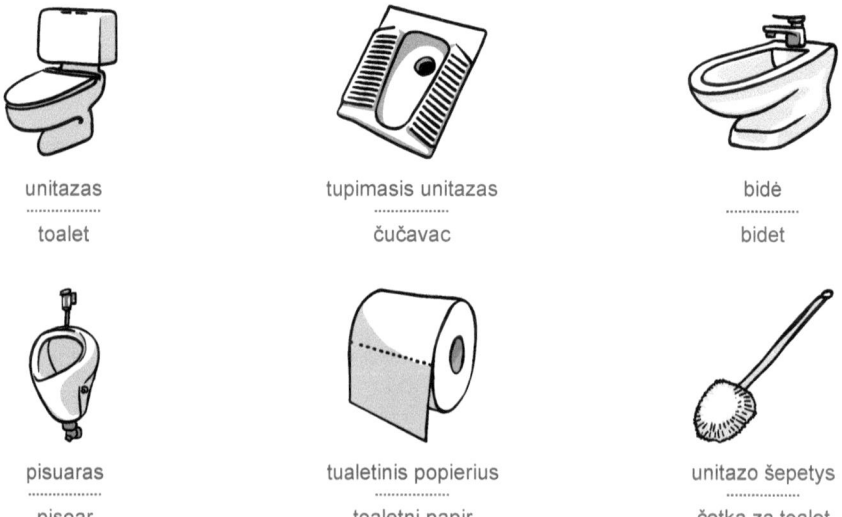

unitazas
....
toalet

tupimasis unitazas
....
čučavac

bidė
....
bidet

pisuaras
....
pisoar

tualetinis popierius
....
toaletni papir

unitazo šepetys
....
četka za toalet

dantų šepetėlis

četkica za zube

dantų pasta

pasta za zube

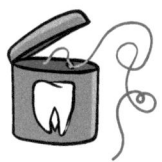

dantų siūlas

konac za zube

plauti

prati

dušo galvutė

tuš ručica

higieninis dušas

tuš za pranje intimnih delova

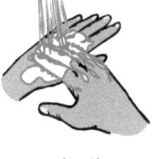

praustuvas

lavor

nugaros plaušinė

četka za pranje leđa

muilas

sapun

dušo želė

gel za tuširanje

šampūnas

šampon

plaušinė

krpa za pranje

kanalizacija

odvod

kremas

krema

dezodorantas

dezodorans

veidrodis

ogledalo

veidrodėlis

kozmetičko ogledalo

skustuvas

brijač

skutimosi putos

pena za brijanje

losjonas po skutimosi

losion za posle brijanja

šukos

češalj

šepetys

četka

plaukų džiovintuvas

fen za kosu

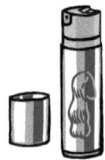

plaukų lakas

sprej za kosu

makiažas

makeup

lūpdažis

ruž za usne

nagų lakas

lak za nokte

vata

vata

žirklutės nagams

makaze za nokte

kvepalai

parfem

maišelis skalbiniams

kozmetička torbica

taburetė

stolica

svarstyklės

vaga

chalatas

ogrtač

guminės pirštinės

rukavice za čišćenje

tamponas

tampon

higieninis įklotas

uložak

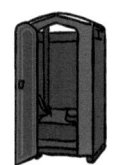

biotualetas

hemijski toalet

vaiko kambarys
dečija soba

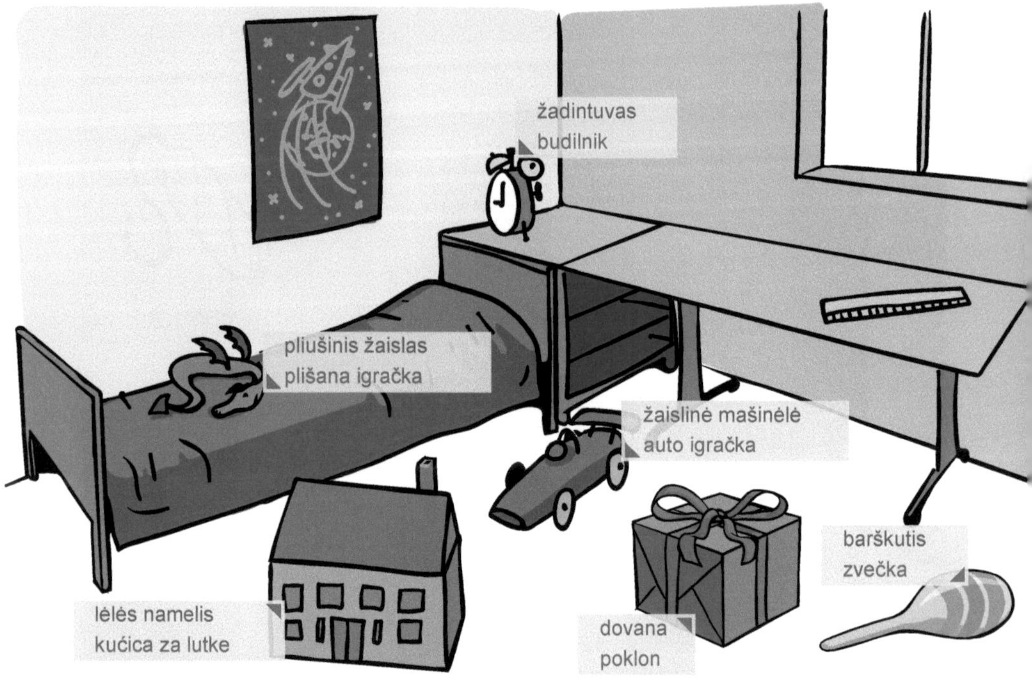
žadintuvas
budilnik
pliušinis žaislas
plišana igračka
žaislinė mašinėlė
auto igračka
barškutis
zvečka
lėlės namelis
kućica za lutke
dovana
poklon

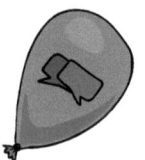

balionas

balon

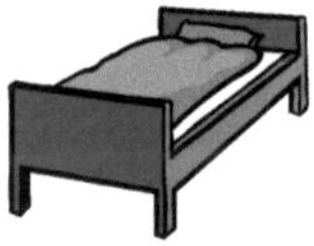

lova

krevet

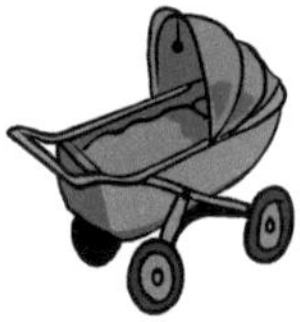

vaikiškas vežimėlis

dječija kolica

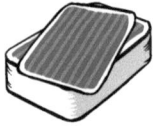

kortų malka

igra s kartama

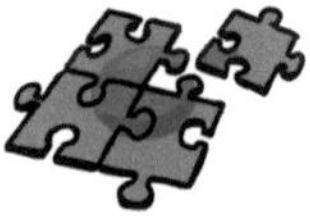

delionė

slagalica

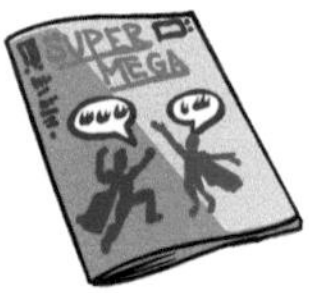
SUPER
MEGA

komiksai

strip

lego kaladėlės

lego kockice

žaislinės kaladėlės

kockice za slaganje

figūrėlė

akcioni junak

šliaužtinukai

benkica za bebe

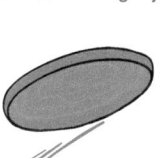

mėtymo lėkštė

frizbi

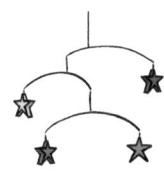

karuselė

viseće igračke

stalo žaidimas

društvene igre

kauliukai

kocka

žaislinis traukinys

minijaturna željeznica

žindukas

duda

vakarėlis

zabava

paveiksliukų knygelė

slikovnica

kamuolys

lopta

lėlė

lutka

žaisti

igrati

smėlio dėžė

pješčanik

sūpynės

ljuljačka

žaislai

igračka

žaidimų konsolė

konzola za igre

triratukas

tricikl

meškiukas

tedi

drabužių spinta

ormar

drabužis

odeća

kojinės

kratke čarape

kojinės virš kelių

čarape

pėdkelnės

hulahopke

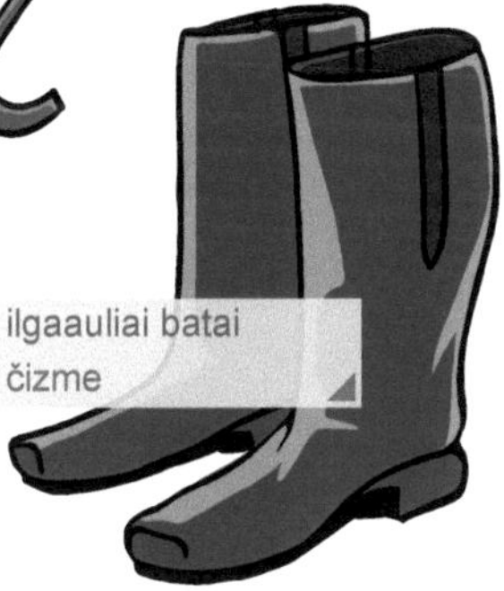

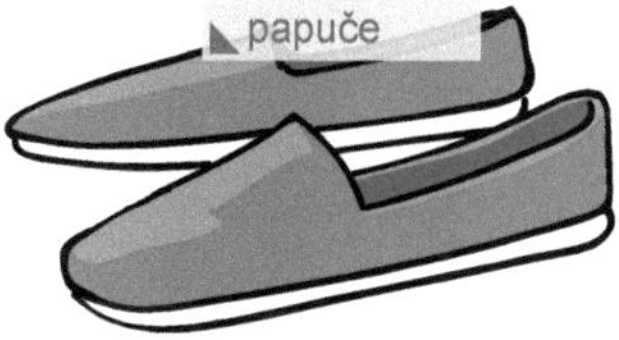

šalikas
šal

diržas
kaiš

skėtis
kišobran

marškinėliai
majica

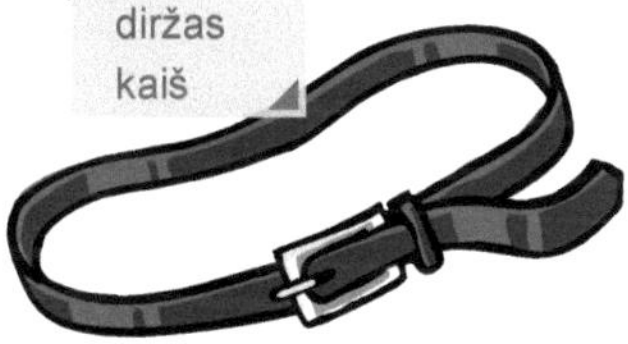

sportbačiai
patike

ilgaauliai batai
čizme

šlepetės
papuče

sandalai
....
sandale

batai
....
cipele

guminiai batai
....
gumene čizme

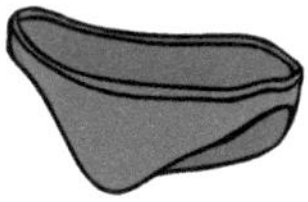

trumpikės
....
gaćice

liemenėlė
....
grudnjak

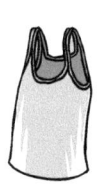

liemenė
....
potkošulja

glaustinukė

bodi

kelnės

pantalone

džinsai

farmerke

sijonas

suknja

palaidinė

bluza

marškiniai

košulja

megztinis

džemper

megztinis su gobtuvu

džemper s kapuljačom

švarkelis

sako

švarkas

jakna

paltas

kaput

lietpaltis

kabanica

kostiumas

kostim

suknelė

haljina

vestuvinė suknelė

venčanica

kostiumas

odelo

naktiniai marškiniai

spavaćica

pižama

pidžama

saris

sari

skarelė

marama za glavu

tiurbanas

turban

burka

burka

kaftanas

kaftan

abaja

abaja

maudymosi kostiumėlis

kupaći kostim

glaudės

kupaće gaćice

šortai

kratke pantalone

sportinis kostiumas

odeća za trening

prijuostė

kecelja

pirštinės

rukavice

saga
dugme

akiniai
naočare

apyrankė
narukvica

vėrinys
ogrlica

žiedas
prsten

auskaras
naušnica

kepurė
kapa

pakabas
vešalica

skrybėlė
šešir

kaklaraištis
kravata

užtrauktukas
patent zatvarač

šalmas
kaciga

breketai
naramenice

mokyklinė uniforma
školska uniforma

uniforma
uniforma

seilinukas
....
podbradak

žindukas
....
duda

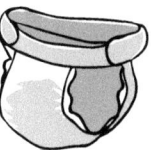

vystyklai
....
pelena

biuras
kancelarija

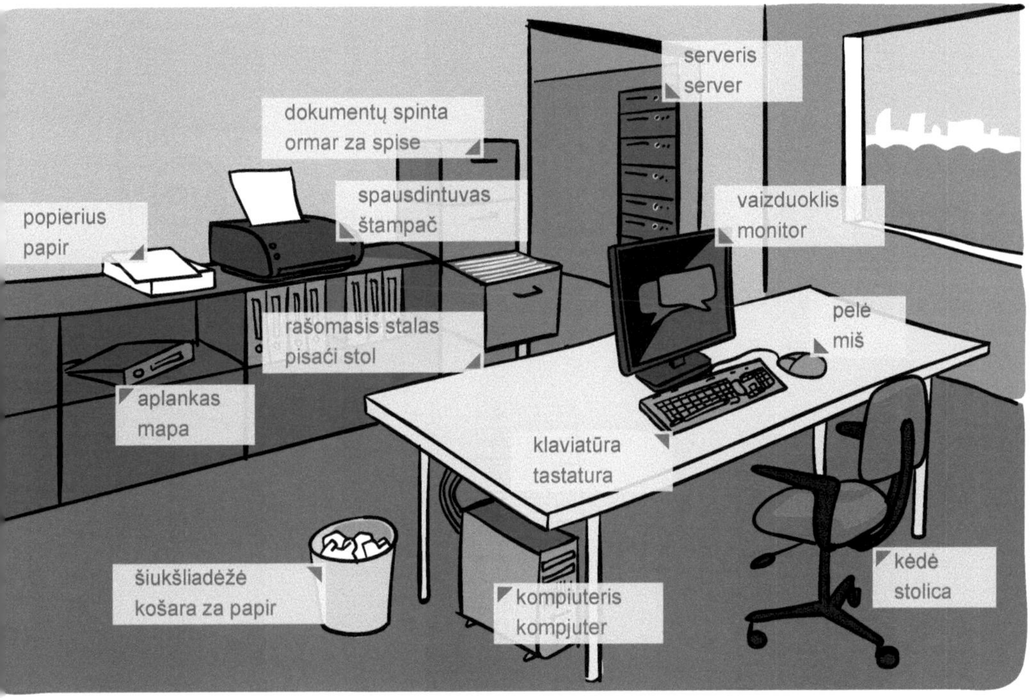

serveris
server

dokumentų spinta
ormar za spise

spausdintuvas
štampač

vaizduoklis
monitor

popierius
papir

pelė
miš

rašomasis stalas
pisaći stol

aplankas
mapa

klaviatūra
tastatura

šiukšliadėžė
košara za papir

kėdė
stolica

kompiuteris
kompjuter

kavos puodelis
....
šalica za kavu

kalkuliatorius
....
kalkulator

internetas
....
internet

nešiojamasis kompiuteris

laptop

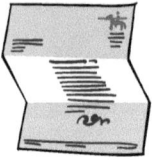

laiškas

pismo

žinutė

poruka

mobilusis telefonas

mobilni telefon

tinklas

mreža

fotokopijavimo aparatas

uređaj za kopiranje

programinė įranga

softver

telefonas

telefon

kištukinis lizdas

utičnica

faksas

faks

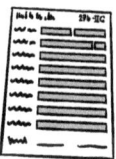

forma

formular

dokumentas

dokument

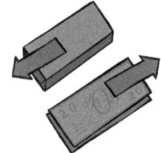

pirkti

kupovati

mokėti

platiti

prekiauti

trgovati

pinigai

novac

USD

doleris

dolar

EUR

euras

evro

JPY

jena

jen

RUB

rublis

rublja

CHF

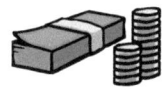

Šveicarijos frankas

švajcarski franak

CNY

juanis

renmindbi juan

INR

rupija

rupija

bankomatas

automat za novac

valiutos keitykla

menjačnica

auksas

zlato

sidabras

srebro

nafta

nafta

energija

energija

kaina

cena

sutartis

ugovor

mokestis

porez

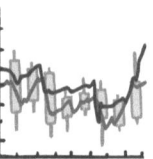

akcijos

deonica

dirbti

raditi

darbuotojas

službenik

darbdavys

poslodavac

gamykla

fabrika

parduotuvė

prodavnica

profesijos
zanimanja

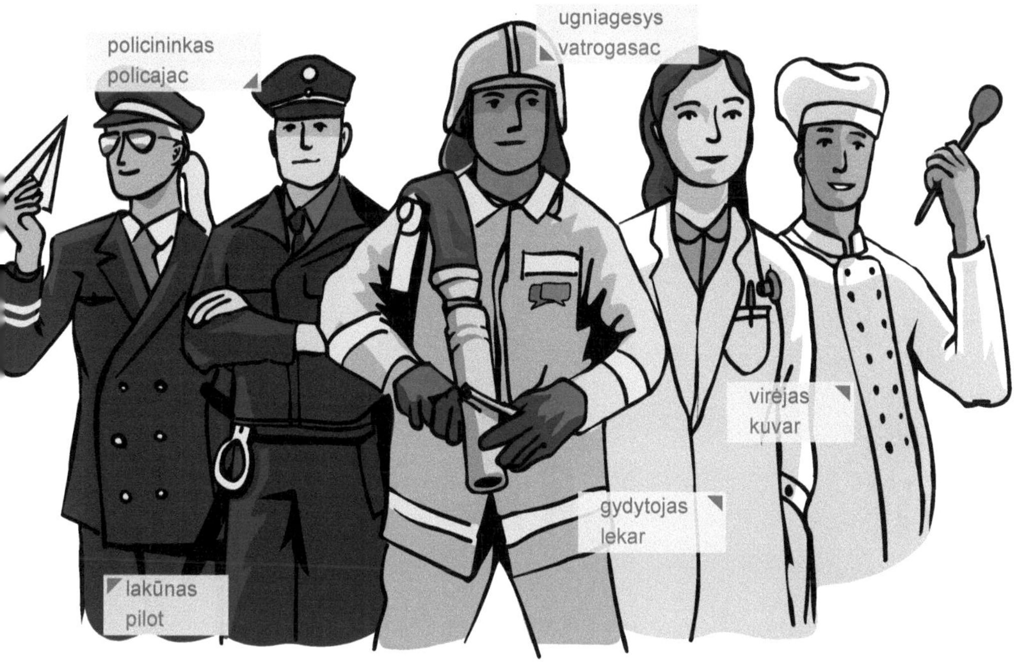
policininkas
policajac
ugniagesys
vatrogasac
virėjas
kuvar
gydytojas
lekar
lakūnas
pilot

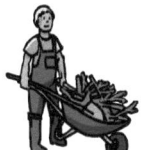

sodininkas

vrtlar

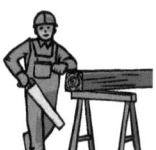

stalius

stolar

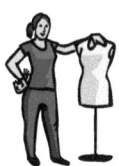

siuvėja

krojačica

teisėjas

sudija

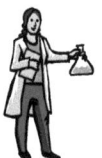

chemikas

hemičar

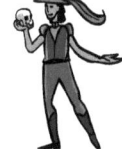

aktorius

glumac

autobuso vairuotojas

vozač autobusa

taksi vairuotojas

vozač taksija

žvejys

ribar

valytoja

čistačica

stogdengys

krovopokrivač

padavėjas

konobar

medžiotojas

lovac

dailininkas

slikar

kepėjas

pekar

elektrikas

električar

statybininkas

građevinski radnik

inžinierius

inženjer

mėsininkas

mesar

santechnikas

limar

paštininkas

poštar

kareivis

vojnik

architektas

arhitekta

kasininkas

blagajnik

gėlininkas

cvećar

kirpėjas

frizer

konduktorius

kondukter

mechanikas

mehaničar

kapitonas

kapetan

odontologas

zubar

mokslininkas

naučnik

rabinas

rabi

imamas

imam

vienuolis

monah

kunigas

svećenik

įrankiai
alati

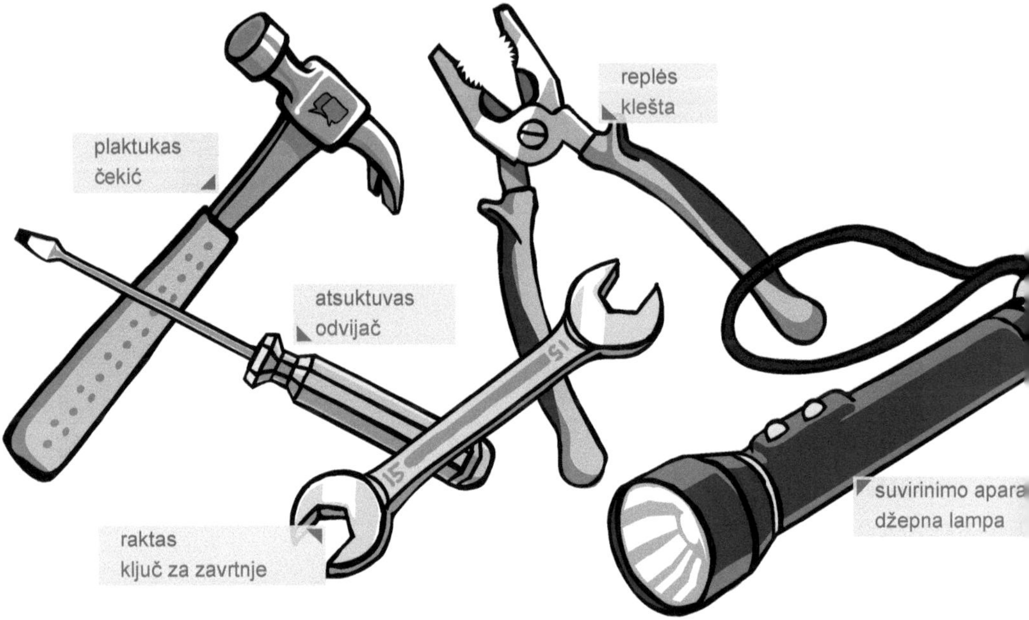

plaktukas
čekić
replės
klešta
atsuktuvas
odvijač
raktas
ključ za zavrtnje
suvirinimo apara
džepna lampa

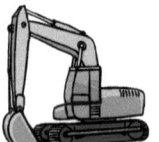

ekskavatorius

bager

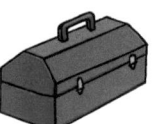

įrankių dėžė

kutija za alat

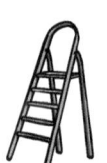

kopėčios

merdevine

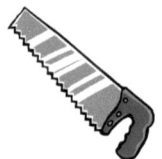

pjūklas

pila

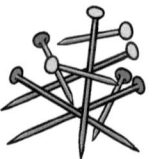

vinys

ekser

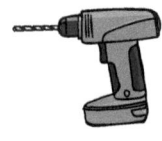

grąžtas

bušilica

taisyti

popraviti

kastuvas

lopata

Velniava!

do đavola!

semtuvėlis

lopatica

dažų skardinė

lonac za boju

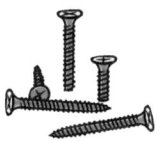

varžtai

zavrtanji

muzikos instrumentai
muzički instrument

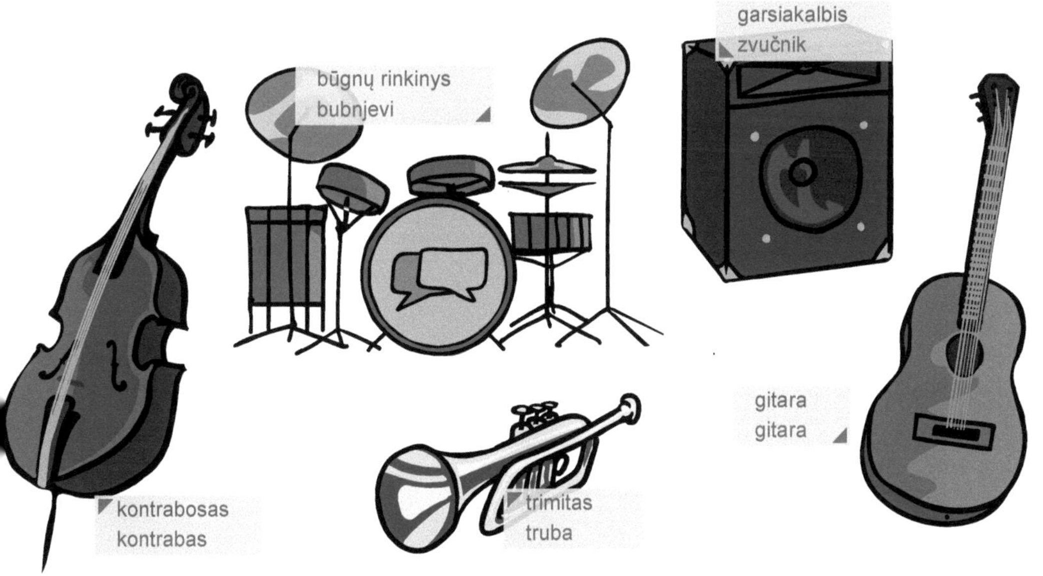

būgnų rinkinys
bubnjevi

garsiakalbis
zvučnik

gitara
gitara

kontrabosas
kontrabas

trimitas
truba

pianinas
klavir

smuikas
violina

bosinė gitara
bas

timpanas
timpani

būgnai
udaraljke za bubnjeve

sintezatorius
tipke klavira

saksofonas
saksofon

fleita
flauta

mikrofonas
mikrofon

zoologijos sodas
zoološki vrt

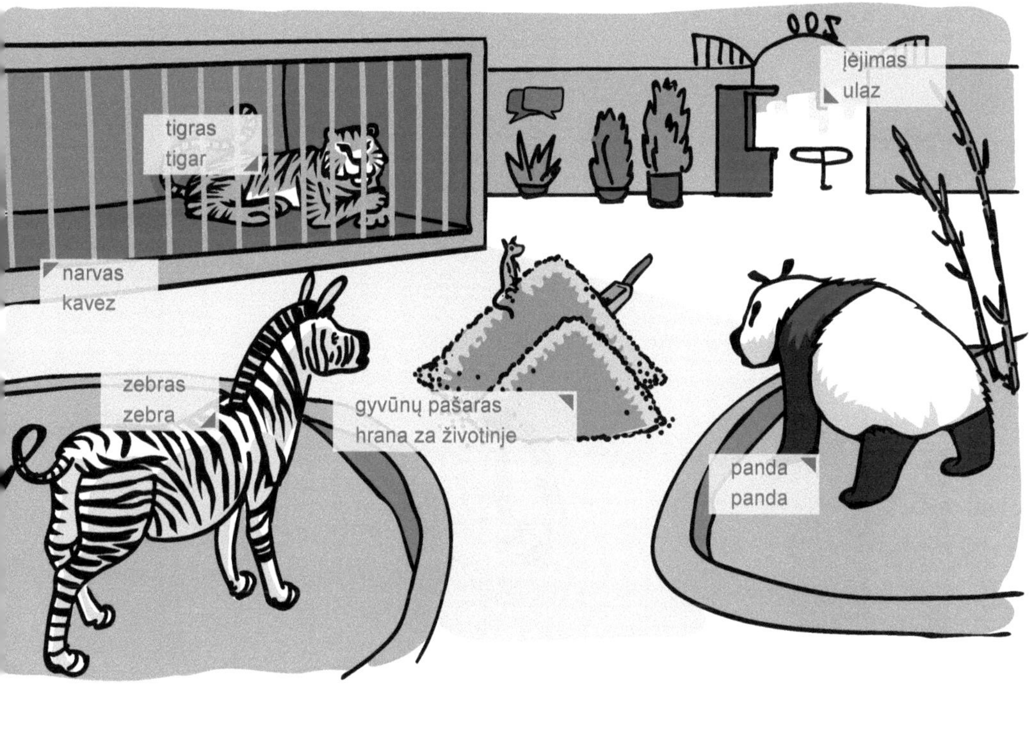

zoo
įėjimas
ulaz
tigras
tigar
narvas
kavez
zebras
zebra
gyvūnų pašaras
hrana za životinje
panda
panda

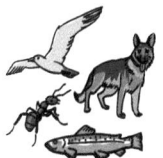

gyvūnai

životinje

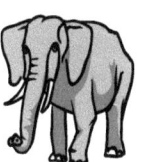

dramblys

slon

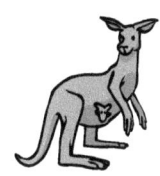

kengūra

kengur

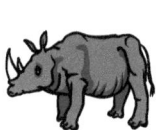

raganosis

nosorog

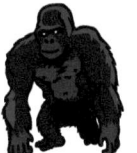

gorila

gorila

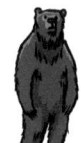

meška

medved

kupranugaris

kamila

strutis

noj

liūtas

lav

beždžionė

majmun

flamingas

flamingo

papūga

papagaj

baltoji meška

polarni medved

pingvinas

pingvin

ryklys

ajkula

povas

paun

gyvatė

zmija

krokodilas

krokodil

zoologijos sodo prižiūrėtojas

čuvar u zoološkom vrtu

ruonis

tuljan

jaguaras

jaguar

ponis
poni

leopardas
leopard

begemotas
nilski konj

žirafa
žirafa

erelis
orao

šernas
divlja svinja

žuvis
riba

vėžlys
kornjača

vėplys
morž

lapė
lisica

gazelė
gazela

amerikietiškas futbolas
amerikči nogomet

dviračių sportas
biciklizam

tenisas
tenis

krepšinis
košarka

plaukimas
plivanje

boksas
boks

ledo ritulys
hokej na ledu

futbolas
fudbal

badmintonas
badminton

atletika
atletika

rankinis
rukomet

slidinėjimas
skijanje

polas
polo

juoktis
smejati se

šokinėti
skočiti

apkabinti
zagrliti

vaikščioti
ići

dainuoti
pevati

svajoti
sanjati

melstis
moliti se

bučiuoti
poljubiti

rašyti
pisati

piešti
crtati

rodyti
pokazati

stumti
gurati

duoti
dati

imti
uzeti

turėti
imati

daryti
činiti

būti
biti

stovėti
stojati

bėgti
trčati

traukti
povlačiti

mesti
baciti

kristi
padati

meluoti
ležati

laukti
čekati

nešti
nositi

sėdėti
sediti

rengtis
oblačiti

miegoti
spavati

pabusti
probuditi se

žiūrėti
gledati

verkti
plakati

glostyti
milovati

šukuoti
češljati

kalbėti
govoriti

suprasti
razumeti

paklausti
pitati

klausytis
slušati

gerti
piti

valgyti
jesti

tvarkytis
pospremiti

mylėti
voleti

gaminti
kuhati

vairuoti
voziti

skristi
leteti

buriuoti

ploviti

skaičiuoti

računati

skaityti

čitati

mokytis

učiti

dirbti

raditi

vesti

venčati se

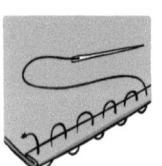

siūti

šiti

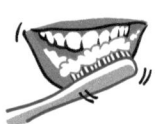

valytis dantis

prati zube

žudyti

ubiti

rūkyti

pušiti

siųsti

poslati

šeima
porodica

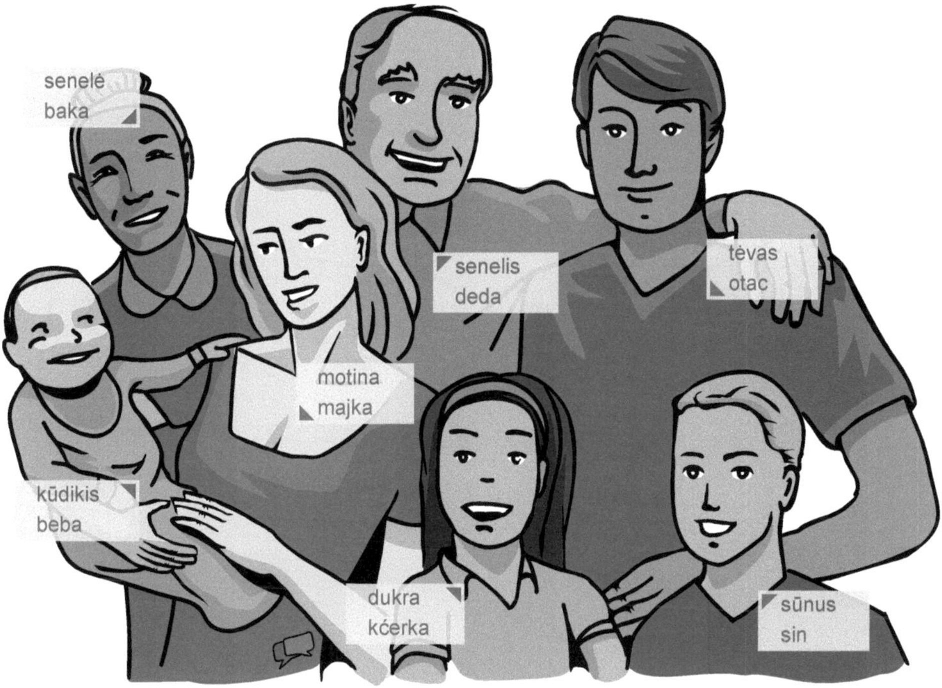
senelė
baka
senelis
deda
tėvas
otac
motina
majka
kūdikis
beba
dukra
kćerka
sūnus
sin

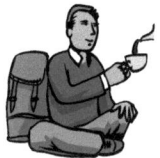

svečias

gost

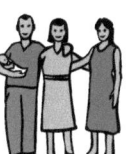

teta

tetka

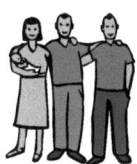

dėdė

ujak, stric

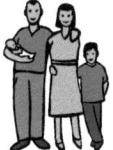

brolis

brat

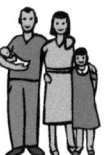

sesuo

sestra

kūnas

telo

kakta
čelo
akis
oko
petys
rame
pirštas
prst
veidas
lice
smakras
brada
plaštaka
ruka
koja
noga
krūtinė
grudi
ranka
ruka

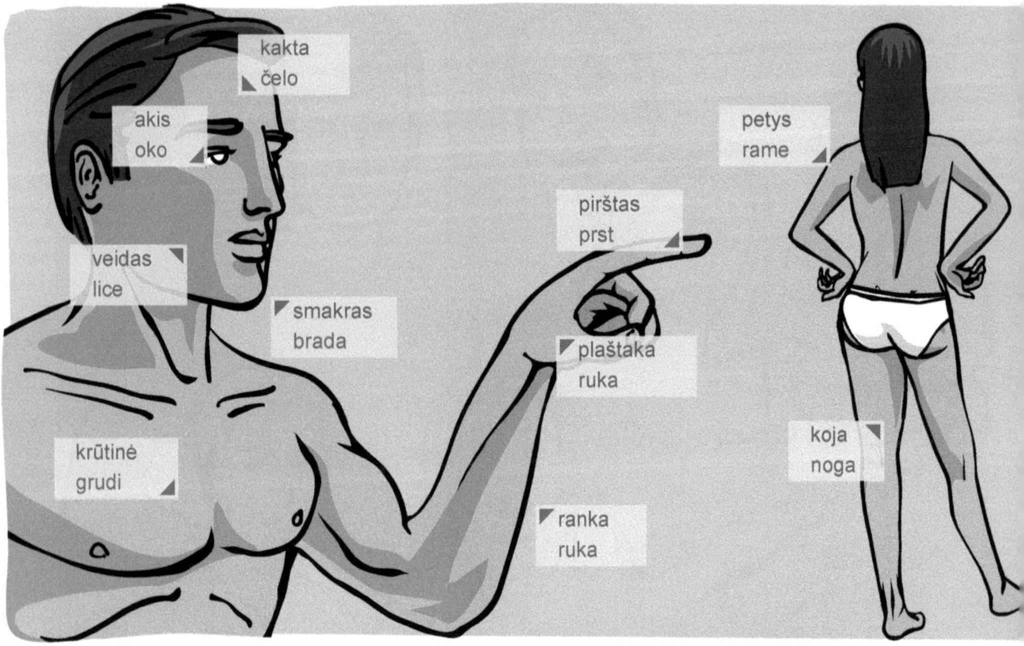

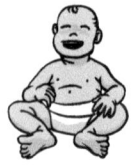

kūdikis

beba

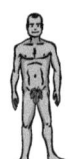

vyras

muškarac

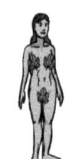

moteris

žena

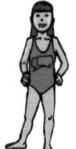

mergaitė

devojčica

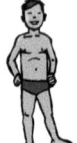

berniukas

dečak

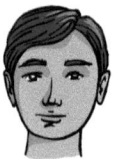

galva

glava

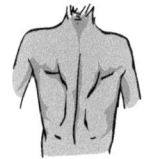

nugara

leđa

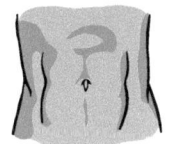

pilvas

stomak

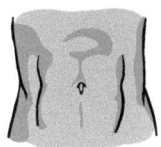

bamba

pupak

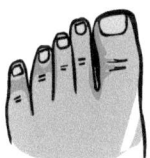

kojos pirštas

nožni prst

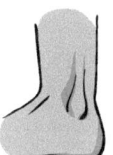

kulnas

peta

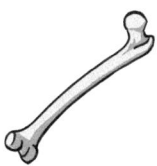

kaulas

kost

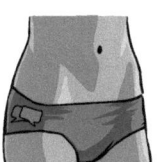

klubas

kukovi

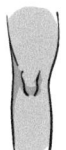

kelis

koleno

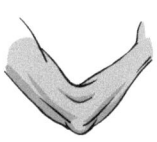

alkūnė

lakat

nosis

nos

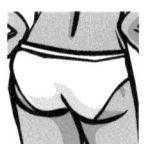

sėdmenys

zadnjica

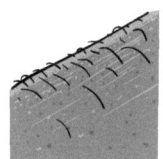

oda

koža

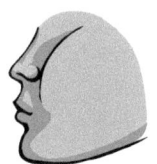

skruostas

obraz

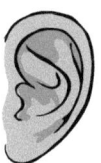

ausis

uvo

lūpa

usna

kūnas - telo

burna

usta

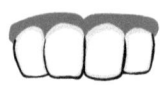

dantis

zub

liežuvis

jezik

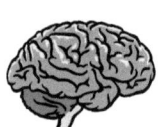

smegenys

mozak

širdis

srce

raumuo

mišić

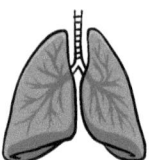

plaučiai

pluća

kepenys

jetra

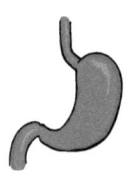

skrandis

želudac

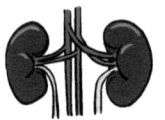

inkstai

bubrezi

seksas

polni odnos

prezervatyvas

kondom

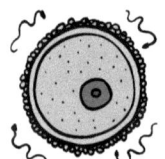

kiaušialąstė

jajna ćelija

sperma

sperma

nėštumas

trudnoća

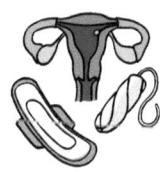

menstruacijos
menstruacija

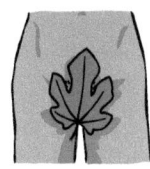

makštis
vagina

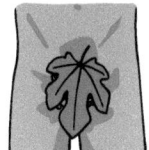

varpa
penis

antakis
obrva

plaukai
kosa

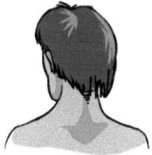

kaklas
vrat

ligoninė
bolnica

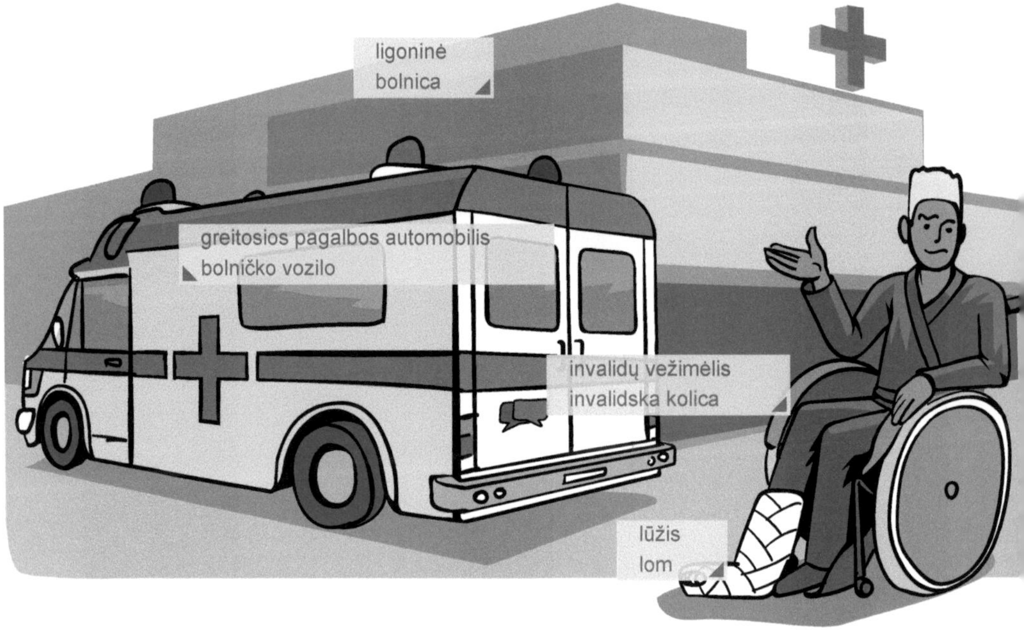

ligoninė
bolnica
greitosios pagalbos automobilis
bolničko vozilo
invalidų vežimėlis
invalidska kolica
lūžis
lom

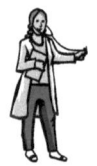

gydytojas

lekar

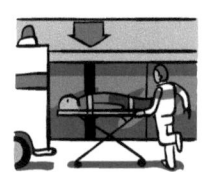

skubios pagalbos skyrius

hitna medicinska služba

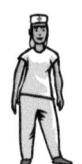

slaugytoja

medicinska sestra

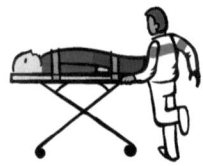

nelaimingas atsitikimas

hitni slučaj

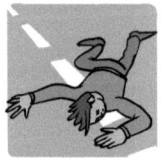

be sąmonės

nesvest

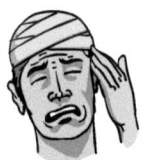

skausmas

bol

sužalojimas

povreda

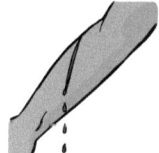

kraujavimas

krvarenje

širdies smūgis

srčani udar

insultas

udar

alergija

alergija

kosulys

kašalj

karščiavimas

groznica

gripas

gripa

viduriavimas

proliv

galvos skausmas

glavobolja

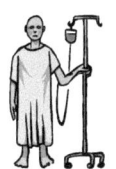

vėžys

rak

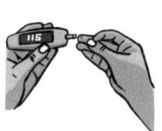

diabetas

dijabetes

chirurgas

hirurg

skalpelis

skalpel

operacija

operacija

KT

ct

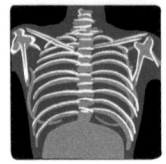

rentgenas

rentgen

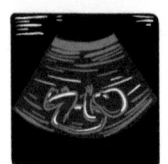

ultragarsas

ultrazvuk

veido kaukė

maska

liga

bolest

laukiamasis

čekaona

ramentas

štaka

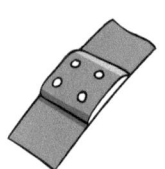

gipsas

flaster

tvarstis

zavoj

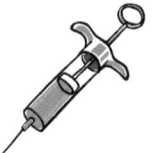

injekcija

injekcija

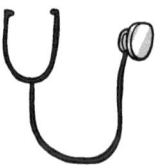

stetoskopas

stetoskop

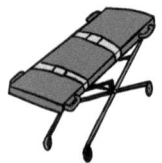

neštuvai

nosila

termometras

termometar

gimimas

rođenje

antsvoris

prekomerna težina

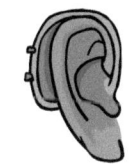

klausos aparatas

slušni aparat

dezinfekavimo priemonė

sredstvo za dezinfekciju

infekcija

infekcija

virusas

virus

ŽIV / AIDS

HIV / AIDS

vaistas

medicina

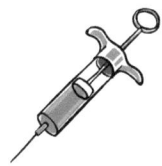

skiepijimas

vakcinacija

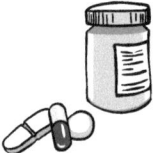

tabletės

tablete

piliulė

pilula

skubios pagalbos numeris

hitni poziv

kraujospūdžio matuoklis

uređaj za merenje pritiska

ligotas / sveikas

bolesno / zdravo

Padėkite!

pomoć!

pavojaus signalas

alarm

užpuolimas

nasrtaj

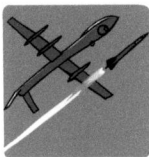

ataka

napad

pavojus

opasnost

avarinis išėjimas

izlaz u slučaju nužde

Gaisras!

požar!

gesintuvas

protivpožarni aparat

nelaimingas atsitikimas

nezgoda

pirmosios pagalbos rinkinys

kutija prve pomoći

SOS

sos

policija

policija

Europa

Evropa

Šiaurės Amerika

Severna Amerika

Pietų Amerika

Južna Amerika

Afrika

Afrika

Azija

Azija

Australija

Australija

Atlanto vandenynas

Atlantik

Ramusis vandenynas

Pacifik

Indijos vandenynas

Indijski okean

Pietų vandenynas

Antarktički okean

Arkties vandenynas

Arktički ocean

Šiaurės ašigalis

Severni pol

Pietų ašigalis

Južni pol

Antarktida

Antarktik

Žemė

zemlja

sausuma

zemlja

jūra

more

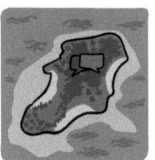

sala

otok

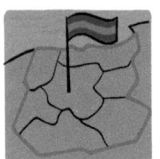

tauta

nacija

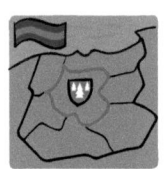

valstybė

država

ciferblatas

brojčanik sata

valandinė rodyklė

satna kazaljka

minutinė rodyklė

minutna kazaljka

sekundinė rodyklė

sekundna kazaljka

Kiek valandų?

Koliko je sati?

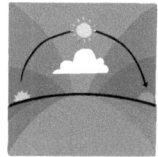

diena

dan

laikas

vreme

dabar

sada

skaitmeninis laikrodis

digitalni sat

minutė

minuta

valanda

čas

savaitė
sedmica

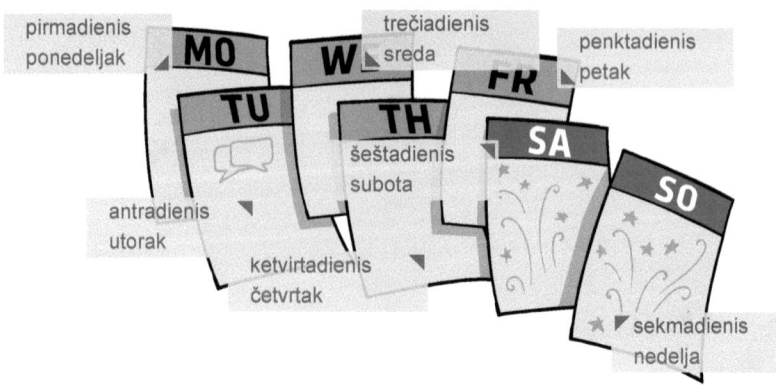

pirmadienis
ponedeljak

trečiadienis
sreda

penktadienis
petak

šeštadienis
subota

antradienis
utorak

ketvirtadienis
četvrtak

sekmadienis
nedelja

vakar

juče

šiandien

danas

rytoj

sutra

rytas

jutro

vidurdienis

podne

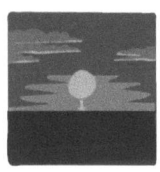

vakaras

veče

MO	TU	WE	TH	FR	SA	SU
1	2	3	4	5	6	7
8	9	10	11	12	13	14
15	16	17	18	19	20	21
22	23	24	25	26	27	28
29	30	31	1	2	3	4

darbo dienos

radni dani

MO	TU	WE	TH	FR	SA	SU
1	2	3	4	5	6	7
8	9	10	11	12	13	14
15	16	17	18	19	20	21
22	23	24	25	26	27	28
29	30	31	1	2	3	4

savaitgalis

vikend

metai
godina

lietus
kiša
vaivorykštė
duga
sniegas
sneg
vėjas
vetar
pavasaris
proleće
ruduo
jesen
vasara
leto
žiema
zima

4.APRIL 11°
5.APRIL 4°
6.APRIL 13°
7.APRIL 8°
8.APRIL 10°

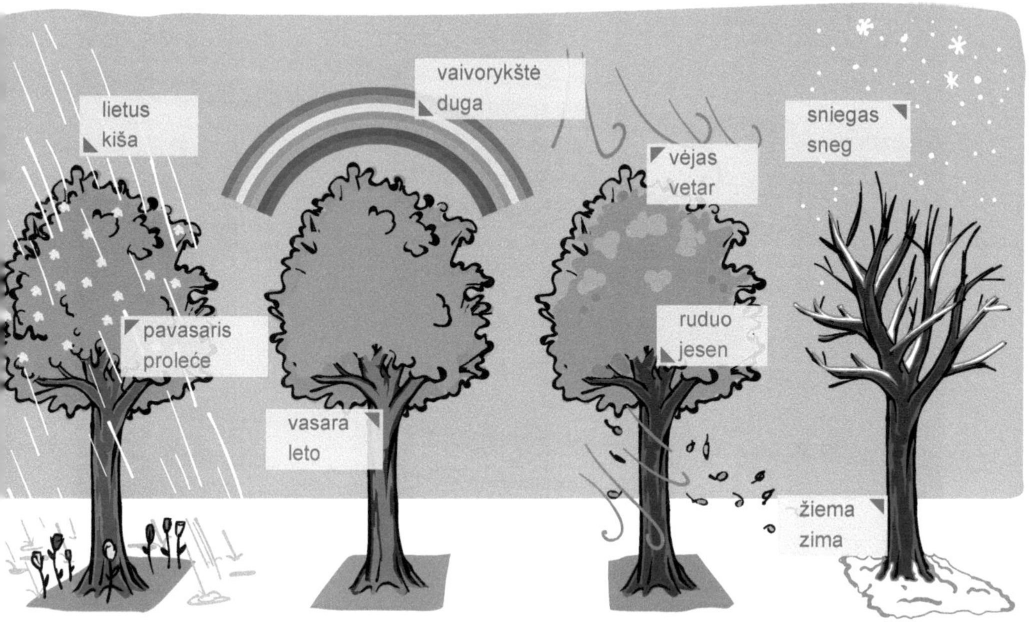

orų prognozė

meteorološka prognoza

F C
120 40
90 30
60 20
30 10
0 0
-30 -10
-20

lauko termometras

termometar

saulės šviesa

sunčana svetlost

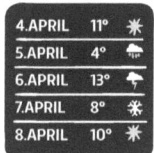

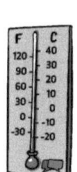

debesis

oblak

rūkas

magla

drėgmė

vlažnost vazduha

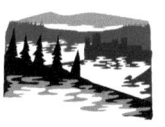

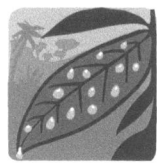

žaibas

munja

griaustinis

grmljavina

audra

oluja

kruša

tuča

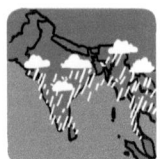

musonas

monsun

potvynis

poplava

ledas

led

sausis

januar

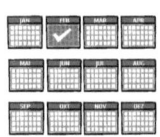

vasaris

februar

kovas

mart

balandis

april

gegužė

maj

birželis

juni

liepa

juli

rugpjūtis

avgust

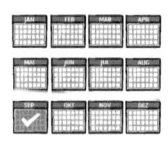

rugsėjis
....
septembar

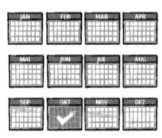

spalis
....
oktobar

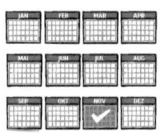

lapkritis
....
novembar

gruodis
....
decembar

formos
oblici

apskritimas
....
krug

kvadratas
....
kvadrat

stačiakampis
....
pravougao

trikampis
....
trougao

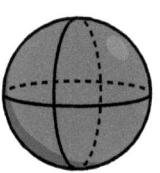

sfera
....
kugla

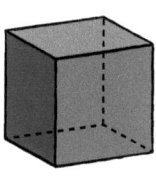

kubas
....
kocka

balta

bela

geltona

žuta

oranžinė

narandžasta

rožinė

ružičasta

raudona

crvena

violetinė

ljubičasta

mėlyna

plava

žalia

zelena

ruda

smeđa

pilka

siva

juoda

crna

daug / mažai

mnogo / malo

piktas / ramus

ljutito / mirno

gražus / bjaurus

lepo / ružno

pradžia / pabaiga

početak / kraj

didelis / mažas

veliko / maleno

šviesus / tamsus

svetlo / tamno

brolis / sesuo

brat / sestra

švarus / purvinas

čisto / prljavo

užbaigtas / neužbaigtas

potpuno / nepotpuno

diena / naktis

dan / noć

miręs / gyvas

mrtvo / živo

platus / siauras

široko / usko

valgomas / nevalgomas
jestivo / nejestivo

piktas / malonus
zlo / dobro

linksmas / nuobodus
uzbuđeno / dosadno

storas / plonas
debelo / mršavo

pirmiausia / paskiausia
na početku / na kraju

draugas / priešas
prijatelj / neprijatelj

pilnas / tuščias
puno / prazno

kietas / minkštas
tvrdo / mekano

sunkus / lengvas
teško / lagano

alkis / troškulys
glad / žeđ

ligotas / sveikas
bolesno / zdravo

nelegalus / legalus
ilegalno / legalno

protingas / kvailas
pametno / glupo

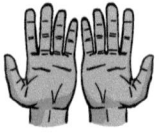
kairė / dešinė
levo / desno

arti / toli
blizu / daleko

naujas / naudotas

novo / polovno

niekas / kažkas

ništa / nešto

senas / jaunas

staro / mlado

įjungta / išjungta

uključeno / isključeno

atidaryta / uždaryta

otvoreno / zatvoreno

tylus / garsus

tiho / glasno

turtingas / vargšas

bogato / siromašno

teisus / neteisus

tačno / pogrešno

šiurkštus / švelnus

hrapavo / glatko

liūdnas / laimingas

tužno / sretno

trumpas / ilgas

kratko / dugo

lėtas / greitas

polako / brzo

drėgnas / sausas

mokro / suho

šiltas / šaltas

toplo / hladno

karas / taika

rat / mir

0

nulis

nula

1

vienas

jedan

2

du

dva

3

trys

tri

4

keturi

četiri

5

penki

pet

6

šeši

šest

7

septyni

sedam

8

aštuoni

osam

9

devyni

devet

10

dešimt

deset

11

vienuolika

jedanaest

12

dvylika

dvanaest

13

trylika

trinaest

14

keturiolika

četrnaest

15

penkiolika

petnaest

16

šešiolika

šestnaest

17

septyniolika

sedamnaest

18

aštuoniolika

osamnaest

19

devyniolika

devetnaest

20

dvidešimt

dvadeset

100

šimtas

stotinu

1.000

tūkstantis

hiljadu

1.000.000

milijonas

milion

anglų

engleski

amerikiečių anglų

američki engleski

kinų (mandarinų)

mandarinski kineski

hindi

hindski

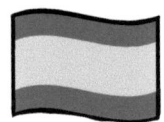

ispanų

španski

prancūzų

francuski

arabų

arapski

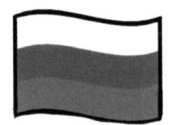

rusų

ruski

portugalų

portugalski

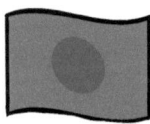

bengalų

bengalski

vokiečių

nemački

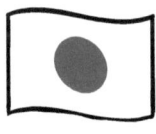

japonų

japanski

aš
ja

tu
ti

jis / ji
on / ona / ono

mes
mi

jūs
vi

jie
oni

kas?
Ko?

ką?
Šta?

kaip?
Kako?

kur?
Gde?

kada?
Kada?

vardas
ime

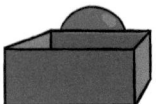

už
iza

kur (vieta)
u

priešais
ispred

virš
preko

ant
na

po
ispod

prie
pored

tarp
između

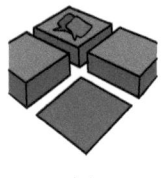

vieta
mesto